从汉字到大语文

主编：陈瑞

第八册

文化发展出版社
Cultural Development Press
中国·北京

目录

一百三十一

执耒耕作不轻松

lì

力

基本汉字中的第 131 个字

甲骨文　金文　篆书　隶书　楷书

力读作lì，它的本义不是现在所说的“力气”中的力，而是一种农具。力的甲骨文、金文像耕地用的农具耒的形状，上面弯曲的部分像木制的犁把，下面横着的部分像耕田用的能够插入土地里翻土的犁头，表示手握犁把进行耕作是需要花费力气的。本义是耕地的农具，现在这个意义已经不再使用了。

因为耕田是需要力气的，力可以泛指体力、力气，如力量、身强力壮、力大无穷。“少壮不努力，老大徒伤悲”（汉乐府《长歌行》），“向来枉费推移力，此日中流自在行”（宋·朱熹《观书有感》其二），以上诗句中“力”都当力气讲。

力耕

［宋］陆游

力耕岁有一囷（qūn）米，残俸月无三万钱。
莫怪穷空心不动，正缘愚拙气差全。
学经亹（wěi）亹悬车后，秉礼拳拳易箦（zé）前。
犹恨未能忘笔砚，小儿收拾又成编。

【作者】陆游，字务观，号放翁，南宋著名诗人。他的诗以忧国爱民、呼吁抗金、收复失地为主旋律，充满了爱国主义精神。语言明朗瑰丽，风格潇洒磊落。

【译文】一年辛勤耕作收获了一仓粮食，一月微薄的俸禄还不到三万钱。我不会责怪自己一无所有，正因为愚钝，生活才能渐渐有所好转。我把经书悬挂在车后面整天勤勉学习，有关礼仪的典籍放在床前我不时翻看。我经常懊悔自己忘带笔墨纸砚，小儿子把我写的文章整理后又编成一编。

博士喵 赏古诗

有劲不愁没钱花。

（打一带“力”字的成语）

谜底：力大无穷

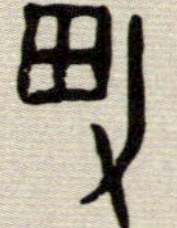

男

甲骨文的左边是田（田）字，右边是一个耕田的农具耒（耒，用力表示）。古代耕田由男人完成。本义是男人。

勇

小篆用力（力）表示与行动出力有关，用甬（甬）表示读音。本义是勇气。

助

小篆用且（且）表示读音，用力（力）表示与行动出力有关。本义是帮助。

协（協、劦）

甲骨文由三个耕田用的农具“耒（，力）”并列而成，即“劦（协的本字）”字，表示许多人“合力并耕”的意思。本义是合、共同。

努

小篆上面是奴（）字，表示读音，下面是力（），表示与行动出力有关。本义是尽量使出力气。

劳

你会玩吗？

答案：劳（勞），甲骨文上面是两个火（），下面是在衣（）的中间有缝缀的痕迹（）。金文在两火上加一短横（），下面也是衣（）字，表示在火光下缝补衣服的意思。小篆，省略了衣，改为在房子（冖）里劳动（，用力表示劳作）。本义是辛勤、劳苦。

“力能扛鼎”说的是西楚霸王项羽的故事。

项羽少年时，不喜欢读书，于是改学击剑，最终也没有学成。他的叔叔项梁非常生气，项羽却说：“写字只要会写自己的名字就够了；击剑是对付个把人的事情，不值得我去学；我要学的是抵挡万人的本领。”项梁于是教他兵法，他虽然乐意去学，却也不肯认真钻研，只求大概知道一些内容。项羽身材魁梧，体格强壮，“力能扛鼎”，意思是能把几百斤重的鼎举起来。这里的“扛”，读 gāng。

后用“力能扛鼎”形容人力量超人。

一百三十二

伸开双臂站得直

lì

基本汉字中的第 132 个字

“花开不并百花丛，独立疏篱趣未穷”是宋代郑思肖《寒菊》中的名句，表现了菊花独自挺立在寒风中的铮铮傲骨，其中的**立**是一个会意字，读作lì。甲骨文像一个正面站在地上的人（　）。本义是站立，如立正、鹤立鸡群、立足之地。“小荷才露尖尖角，早有蜻蜓立上头”（宋·杨万里《小池》），形象生动地描写了小池周围自然景物的特征和变化，表现了诗人对大自然的喜爱之情。“意欲捕鸣蝉，忽然闭口立”（清·袁枚《所见》），把牧童发现鸣蝉时的喜悦之情和机警的性格淋漓尽致地表现出来。以上诗句中的“立”都当站立讲。

竹石

［清］郑燮

咬定青山不放松，**立**根原在破岩中。
千磨万击还坚劲，任尔东西南北风。

【作者】郑燮（xiè），字克柔，号板桥，兴化（今江苏兴化）人，清代著名书画家、文学家，“扬州八怪”之一。他的诗、书、画被人称为“三绝”。

【译文】竹子生长在青山之上，扎根在岩石的裂缝之中。历尽种种磨难仍然坚韧不拔，更不怕四面八方刮来的狂风。

【鉴赏】前两句，诗人采用拟人的修辞手法写竹子生长在青山之上，它的根像一只巨人之手牢牢地抓住岩石。“咬”字写出了竹子那种不屈不挠的刚毅精神；“破”字把竹子那种在恶劣环境中独自生长的精神进一步升华，衬托出竹子生命力的顽强。后两句，写竹子在恶劣的生存环境中坚韧不拔的毅力。即使环境给竹子万般磨难，竹子仍然挺立，至于东西南北风就更不在话下了。

其实，诗人是借写竹来抒情言志的。他不屈服于现实生活中的种种磨难，就像竹子不屈服于千难万险的生长环境和东西南北风的侵袭。表现了诗人虽处于恶劣环境而不随波逐流的风骨、高尚的节操和顽强的奋斗精神。

博士喵
赏古诗

一点一横短，二点一横长；
你若猜不着，请你站一旁。

谜底：立

词语园

立

lì chǎng
立场
认识和处理问题时所处的地位和所抱的态度。

shè lì
设立
设置、建立（组织、机构等）。

lì kè
立刻
副词。表示紧接着某个时候。

chuàng lì
创立
初次创造或建立。

lì zhèng
立正
命令队伍在原地站好。

duì lì
对立
互相抵触或敌对。

lì jí
立即
立刻；马上。

dú lì
独立
单独地站立。

lì gōng
立功
建立功绩。

què lì
确立
牢固地建立或树立。

lì zhì
立志
立定志向；立下志愿。

shù lì
竖立
长形物体垂直地立着。

zhàn lì
站立
直着身子，两脚着地。

zì lì
自立
不依赖别人，靠自己的劳动而生活。

“程门立雪”讲的是学生恭恭敬敬地向老师求教。后用来指尊师重教。

程颢（hào）、程颐（yí）兄弟是北宋著名的理学家，他们讲授孔孟之学，深受人们的欢迎。当时有个叫杨时的南方人，放弃高官厚禄，专门去河南颍（yǐng）昌拜程颢为师，虚心学习孔孟之道。程颢去世后，杨时又到洛阳去拜程颢的弟弟程颐为师。

有一次，杨时和朋友一起去拜见程颐。不巧的是，程颐正在堂上闭目养神。这时候，外面开始下起大雪来。杨时两人恭恭敬敬地侍立一旁，一动不动。等了大半天，程颐才睁开眼睛，这时门外的雪已经积了一尺多厚了。

一百三十三

两颊上部的地方

liǎn

脸

基本汉字中的第 133 个字

臉　臉　脸

篆书　隶书　楷书

脸是一个形声字，读作 liǎn，繁体写作臉，魏晋时期才出现脸这个字，本义是脸颊上部颧骨部分。“红脸桃花色，客别重羞看”〔南北朝·陈叔宝《紫骝（liú）马》〕，“帛上看未终，脸下泪如丝”（南梁·萧衍《代苏属国妇诗》），以上诗句中的“脸”用的都是本义。

到了唐宋时期，口语中才开始用“脸”代替“面”，表示整个面部、头的前部分。如脸色、脸庞、满脸笑容。“脸上桃花春自开，眉边柳色日全回”〔宋·晁（cháo）公溯《偶成》〕，其中的“脸”当整个面部讲。

现代汉语中的脸和面指代的是同一事物。在古代汉语中，“脸”字比“面”字出现得早，仅仅指两颊上方涂胭脂的地方。到了魏晋时期，在口语中，人们才用“脸”替代了“面”，指整个面部。

采莲曲（其二）

［唐］王昌龄

荷叶罗裙一色裁，芙蓉向脸两边开。
乱入池中看不见，闻歌始觉有人来。

【译文】采莲少女的绿罗裙与荷叶的颜色分不开，少女的脸庞与荷花相互映照也难以分辨。采莲少女隐入荷塘消失得无影无踪，歌声四起时才知道荷塘早就有人来采莲。

【鉴赏】王昌龄的《采莲曲》共有两首，这是第二首。诗人运用侧面描写，抓住了采莲女的特点进行描绘，反映了采莲女既真实又浪漫的劳动生活，为读者描绘了一幅生机盎（àng）然的江南水乡的劳动画面。

一、二两句写采莲女的裙子像荷叶一样碧绿，出水的荷花朝着采莲女的脸庞绽放。诗人巧妙地运用了比喻和铺陈的修辞手法，把“荷叶”比作“罗裙”，把“芙蓉”比作“采莲女”，把采莲少女与美丽荷塘融为一体，人在景中，人美景美，若隐若现，意境优美。

第三句承接前两句，荷叶罗裙、芙蓉人面混入荷塘之中，分辨不清到底是人还是花。这正是我们常说的“看花了眼”。最后一句写诗人正在惆怅（chóu chàng）的时候，听到荷塘中歌声响起，才发觉采莲女就在田田的荷叶、艳艳的荷花之中。

博士喵赏古诗

这首诗没有直接写采莲女，却让读者真切地感受到采莲女始终在诗人的笔下。如此布局，给读者以回味无穷之感。

把○中的字填上，并说一说加拼音词的意思。

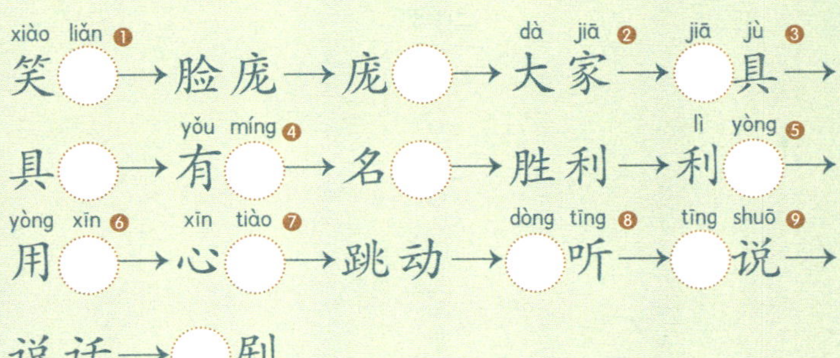

笑(xiào)○(liǎn)①→脸庞→庞○→大(dà)家(jiā)②→○(jiā)具(jù)③→

具○→有(yǒu)○(míng)④→名○→胜利→利(lì)○(yòng)⑤→

用(yòng)○(xīn)⑥→心(xīn)○(tiào)⑦→跳动→○(dòng)听(tīng)⑧→○(tīng)说(shuō)⑨→

说话→○剧

1. 含笑的面容。
2. 代词，指一定范围内所有的人。
3. 家庭用具，主要指床、柜、桌、椅等。
4. 名字为大家所熟知。
5. 使事物或人发挥效能。
6. 集中注意力；多用心力。
7. 心脏跳动。
8. 听起来使人感动或产生兴趣。
9. 听人说。

答案：脸、大、家、有、名、胜、用、心、跳、动、听、话

由肌肉组成，上合下呼应；

五官长上面，天天要洗净。

谜底：脸

一百三十四

二人并列成一对

liǎng

两

基本汉字中的第 134 个字

金文　篆书　隶书　楷书

两是一个会意字，读作liǎng，繁体写作兩。金文的“㒳”字由“一”和“㒳（同‘兩’）”组成，㒳是两个放在一起的钱币，秦朝时的一钱为十二铢，二钱就是二十四铢，也就是当时的一两。两的本义是偶、一对，如两夫妻。

两可以用作数词，泛指数字二，如两本书、两袖清风。“仙人垂两足，桂树何团团”（唐·李白《古朗月行》），“两个黄鹂鸣翠柳，一行白鹭上青天”（唐·杜甫《绝句》），以上诗词中的“两”都当作数字二讲。

有时两表示不确定的数目，如两下子、说两句话。“竹外桃花三两枝，春江水暖鸭先知”（宋·苏轼《惠崇春江晚景》），其中的“三两枝”不是真的只有两三枝桃花，而是泛指桃花不太多。

两与二的用法有所区别：在量词前面，一般用“两”不用“二”，如两个、两斤；在序数词前面只能用“二”不用“两”，如二月、二姐。

西江月·夜行黄沙道中

［宋］辛弃疾

明月别枝惊鹊，清风半夜鸣蝉。
稻花香里说丰年，听取蛙声一片。
七八个星天外，两三点雨山前。
旧时茅店社林边，路转溪桥忽见。

【作者】辛弃疾，南宋豪放派代表人物。他的词内容以驱除外敌、恢复国家统一为主，多抒发壮志难酬的愤懑（mèn）。后人把他与苏轼并称为“苏辛”。

【译文】明月升上树梢，皎（jiǎo）洁的月光惊醒了栖息在枝头的喜鹊，远处的蝉鸣声随着夜半的清风传来。稻花芬芳，蛙声阵阵，人们谈论着丰收的好年景。天上闪烁着几颗星星，山前滴答着几点小雨。从前的茅屋小店就坐落在土地庙的树林边；转过弯弯的小路，越过溪水桥边，茅屋小店忽然又出现在眼前。

【鉴赏】这是一首描写田园风光的词，通过对夏夜恬静优美的山村风光的描写，表达了词人对丰收之年的喜悦和对农村生活的向往、热爱之情。

词的上片写月明风清的夏夜美景：明亮的月光“惊醒”了喜鹊，视觉动感十足，稻花香味刺激了嗅觉，蝉声和蛙声调动了听觉，人们在这个美妙的夜晚愉快地谈天说地。词人漫步在如此的美景中，感受到人们的幸福生活，不免流露出对田园生活的热爱和向往之情。

下片的前两句写远景，星星稀疏，微雨轻柔，给人一种清新自然的感觉。后两句写近景，词人沉浸在美景中，不知不觉已经走到从前熟悉的茅店附近。“路转”和“忽见”二词把词人突然见到茅店的喜悦之情淋漓尽致地表现出来。词人用看似平淡的语言，描绘了夜行乡间所见的悠闲恬静的美景，表达了词人内心的愉悦之情。

博士喵
赏古诗

博士喵
猜字谜

淡妆浓抹总相宜。

（打一带“两”字的成语）

谜底：两全其美

成语园

两

jìn tuì liǎng nán
进退两难
前进、后退都困难。泛指处境困难，左右为难。

bàn jīn bā liǎng
半斤八两
旧制一斤合十六两，半斤等于八两。一个半斤，一个八两，重量相等。比喻彼此一样，不分上下。

yì dāo liǎng duàn
一刀两断
比喻坚决地断绝关系。也比喻做事干脆、果断。

liǎng xiǎo wú cāi
两小无猜
男女幼年或少年时心地纯洁，真诚相待，互相之间没有猜疑或忌讳。

sān yán liǎng yǔ
三言两语
指说话简明扼要。

liǎng miàn sān dāo
两面三刀
指当面一套，背后一套，阴险而恶毒。

shì bù liǎng lì
势不两立
双方处于尖锐矛盾的态势，不可调和，不能并存，或指与敌对的人仇恨很深。

sān cháng liǎng duǎn
三长两短
原指说长道短。今指意外的变故或灾祸。

sān sān liǎng liǎng
三三两两
三个两个聚集一处。形容为数不多。

yì jǔ liǎng dé
一举两得
做一件事能得到两方面的好处。

“两虎相斗”与“战国四公子”之一的春申君有关。

楚王认为春申君是个辩才，让他出使秦国，打探秦国的虚实。谁知道秦昭王已经命令白起联合韩、魏两国准备攻打楚国。春申君得知秦国出兵楚国的计划后，上书劝阻秦王说：天下的诸侯没有比秦、楚两国更强大的。现在听说大王要征讨楚国，“此犹两虎相与斗”，这就像两只猛虎互相搏斗一样，最终必有一伤。不如秦国与楚国联合。

秦昭王被春申君说服后，放弃攻打楚国的计划，同时派使臣带着厚重的礼物前往楚国，与楚国订立盟约，结为友好国家。

一百三十五

人上是京表光明

liàng

基本汉字中的第 135 个字

篆书　隶书　楷书

亮是一个形声字，读作liàng，本义是光明，如明亮、亮堂、天色发亮。“紫府空歌碧落寒，晓星寥亮月光残”（唐·李群玉《紫极宫斋后》），这里的“寥亮”指的是清晨的星星不太明亮。

亮可以用作名词，指光线、灯光，如地洞里没有亮光。也指声音清晰、大，如洪亮、响亮、歌声嘹亮。“嘹亮城头角吹长，五更声落戍楼霜”（明·钱明相《闻角》），嘹亮的号角声夹杂着五更的鼓声，落在了秋霜遍地的边关城楼上，使得戍边的征夫更加思念远方的家乡。

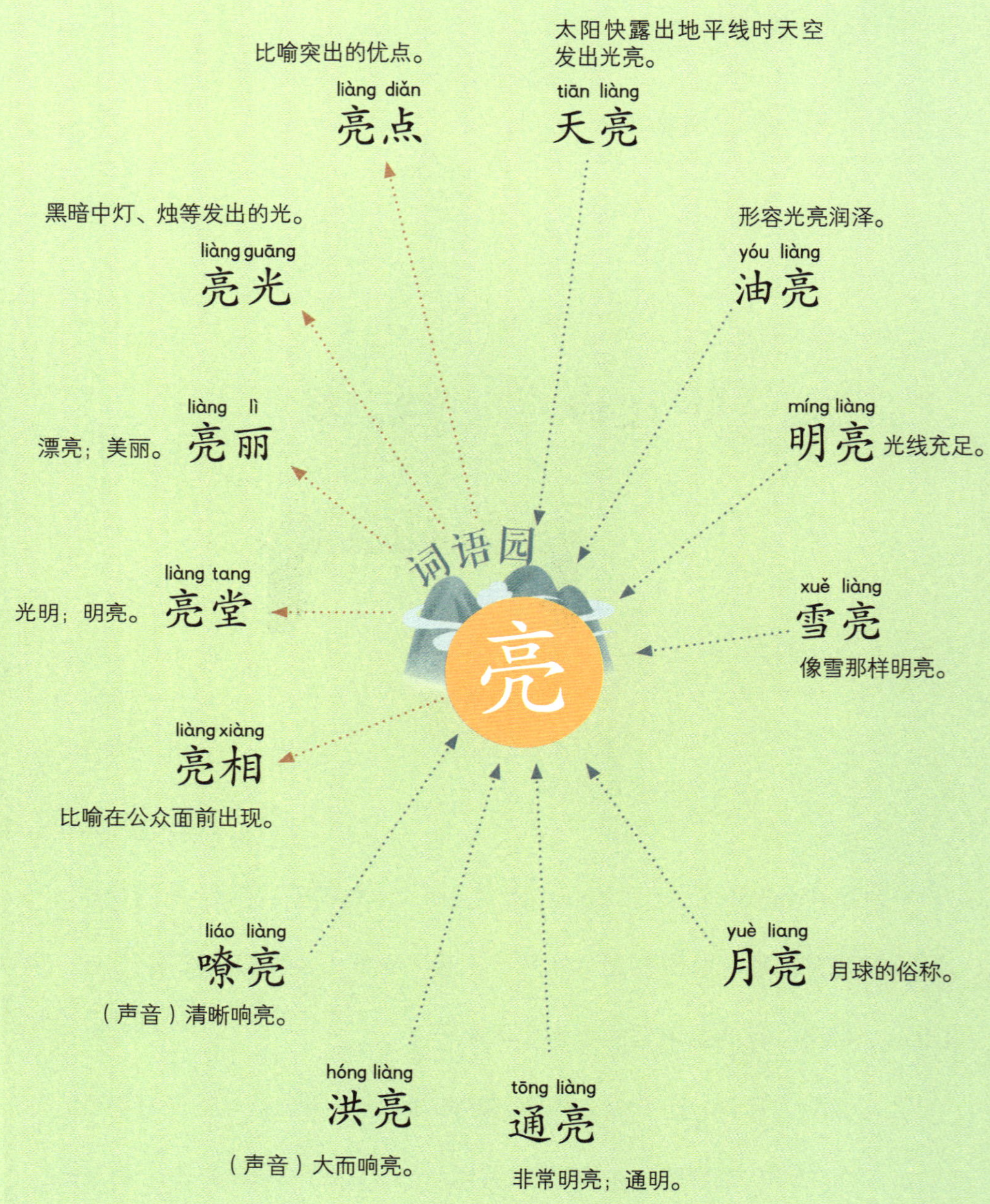
比喻突出的优点。
liàng diǎn
亮点
太阳快露出地平线时天空发出光亮。
tiān liàng
天亮
黑暗中灯、烛等发出的光。
liàng guāng
亮光
形容光亮润泽。
yóu liàng
油亮
liàng lì
漂亮；美丽。亮丽
míng liàng
明亮 光线充足。
词语园
liàng tang
光明；明亮。亮堂
亮
xuě liàng
雪亮
像雪那样明亮。
liàng xiàng
亮相
比喻在公众面前出现。
liáo liàng
嘹亮
（声音）清晰响亮。
yuè liang
月亮 月球的俗称。
hóng liàng
洪亮
（声音）大而响亮。
tōng liàng
通亮
非常明亮；通明。

一百三十六

婴儿两臂被捆绑

liǎo/le

基本汉字中的第 136 个字

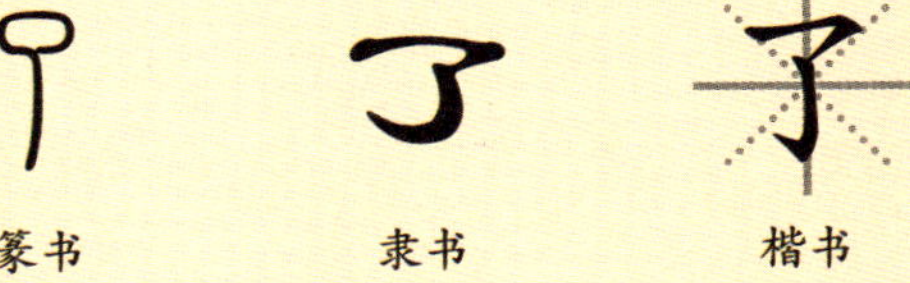

了是一个象形字，读作liǎo。了是以“子（ ）”为基础造的一个汉字，与“子”不同的地方是，“了”没有双臂，就像一个婴儿的两臂被包裹起来的样子。民俗学者认为，新生儿出生以后，为了给新生儿保暖，防止孩子腿部变形，需要把新生儿的两腿放直，让两个臂膀贴在身体的两侧，然后用布单把婴儿紧紧地包裹起来，再用一根绳子扎紧。了的本义就是捆绑婴儿的两臂，这个意义现在已不再使用。后指完毕、结束，如终了、了结、不了了之。

后用作“瞭”的简化字，意思是明白、知道，如明了、了解、了然于胸。也可以引申指清楚、明细，如了如指掌、一目了然。

了可以放在动词或形容词后面，表示动作或变化已经完成，读作le，如写完了、头发白了许多。“小乔初嫁了，雄姿英发”（宋·苏轼《念奴娇·赤壁怀古》），“初嫁了”说的是“出嫁”这个动作已经完成。

乡村四月

［宋］翁卷

绿遍山原白满川，子规声里雨如烟。
乡村四月闲人少，才了蚕桑又插田。

博士喵 赏古诗

【译文】山岭和原野一片葱绿，清亮亮的河水铺满了平川，如烟的细雨中传来杜鹃的声声啼鸣。乡村四月的人们忙忙碌碌，哪里还有多余的闲人；农人刚忙完采桑养蚕的活儿，马上又要去水田里插秧。

横带钩，竖带钩；
跟在完字后，事已做到头。

谜底：了

博士喵讲故事

“小时了了”与东汉文学家孔融有关。

孔融少年时就聪明好学。十岁时，他跟随父亲到洛阳拜访河南太守李元礼。孔融来到李府门前，对守门人说：“我是李太守的亲戚，请通报一下。”李太守见到孔融后问道：“你和我有什么亲戚关系呢？”孔融一本正经地回答说：“我姓孔，您姓李，我的祖先孔子和您的祖先老子有师生之谊，因此，我和您也是世交呀！”当时在场的宾客对孔融的这一番话都很惊奇。晚到的太中大夫陈韪（wěi）听到后却不以为然，随口说：“小时了了，大未必佳。”意思是小时候聪明，长大后不一定能够成才。孔融听后，笑嘻嘻地反驳道：“想君小时，必当了了。”意思是，想您小时候一定很聪明吧。众人听后都哈哈大笑起来。

“了了”的意思是聪明。“小时了了”指小时候聪明。

一百三十七

并列二木树成片

lín

林

基本汉字中的第 137 个字

林 林 林 林 林

甲骨文 金文 篆书 隶书 楷书

林是一个会意字，读作lín。甲骨文、金文和小篆由两个“木”字组成，表示树木丛生的样子。本义是成片的树木，如林地、森林。“返景入深林，复照青苔上”（唐·王维《鹿柴》），意思是说，落日的余晖映入幽深的树林里，又映照在苍翠的青苔上。诗人这样写，显得树林更加清幽。“停车坐爱枫林晚，霜叶红于二月花”（唐·杜牧《山行》），说明了诗人为什么傍晚还不回家的原因，是因为他喜欢被秋霜染红的枫叶。“敲成玉磬穿林响，忽作玻璃碎地声”（宋·杨万里《稚子弄冰》），意思是说，小孩子敲击冰块发出的声音像玉磬（qìng）一般穿越树林，突然，冰块落地发出玻璃一样的碎裂声。以上诗句中的“林”都当树林讲。

菩萨蛮

［唐］李白

平林漠漠烟如织，寒山一带伤心碧。
暝色入高楼，有人楼上愁。
玉阶空伫立，宿鸟归飞急。
何处是归程？长亭更短亭。

【译文】远处舒展的树林在轻烟的笼罩下，呈现出一片迷蒙，苍翠的山色深到了极致（伤心，在四川话中是特别、尤其的意思）。弥漫的夜色融进了高高的闺楼，有人正在高楼上独自发愁。她独自站立在用玉石砌就的台阶上，翘首盼望。急急地展翅飞翔的鸟儿正忙着归巢。我返回的路程在哪里呀？只看到望不到头的道路上长亭连着短亭。

博士喵
赏古诗

遇火就燃烧，遇水就挨浇；
猜它是斧字，你就猜错了。

谜底：林

汉字画

秋天的树林

秋（像蟋蟀）天来到了。一阵小雨（ ）过后，森（ ）林（ ）里可热闹了。树木（ ）上结满了果（ ）子，地上落了一层树叶（ ），小男（ ）孩在爬树，小女（ ）孩在采（ ）蘑菇。

秋
雨
森
林
木
果
叶
男
女
采

一百三十八

五加一后的数字

liù

六

基本汉字中的第 138 个字

六是一个指事字，读作 liù。甲骨文、金文和大篆都像原始人居住的圆形简易茅草房的形状。后假借为数目字，表示五加一的和，如六书、六畜、六神无主。“六王毕，四海一”（唐·杜牧《阿房宫赋》），这里的“六王”指“战国七雄”中除了秦国以外的其他六个国家：齐国、楚国、燕国、韩国、赵国、魏国。

六在中国传统文化中象征着富贵和吉祥，好多事物都可以用六来概括，如“六经”指的是诗、书、礼、易、乐、春秋六种典籍；“六亲”指父、母、妻、子、兄、弟六种亲属；“六畜”指的是猪、牛、羊、马、鸡、狗六种家畜……民间有“六六大顺”的吉祥语，一般办喜事都会选择带有六的日子，如初六、十六、二十六。

六也可以用来表示序数词第六，如六年级。

晓出净慈寺送林子方

［宋］杨万里

毕竟西湖六月中，风光不与四时同。
接天莲叶无穷碧，映日荷花别样红。

【译文】终究西湖景色最美的时候是在六月，风光与其他季节大不相同。一望无际的碧绿莲叶与天空相接，荷花在烈日的照耀下格外红艳。

【鉴赏】这是南宋诗人杨万里的一首送别诗。诗人在六月的一个早晨出门送朋友林子方，看到周围的美景，于是有感而发。诗中具体描绘了杭州西湖的美妙景色，委婉地表达了对友人的眷恋之情。

开头两句，诗人没有直接描写景物，而是抒发了自己对净慈寺周围景物的感受，指出六月西湖的风光既不同于西湖的其他时节，也不同于六月的其他地方。这就会引起读者的好奇，到底有什么不同呢？

后两句是诗人对上面疑问的回答。诗人为读者描绘出这样一幅优美的画面：碧绿的荷叶一望无边，红红的荷花在朝阳的映照下显得格外鲜艳。诗人写叶、写花都着眼于颜色，红绿相映，对比强烈，使得荷花的形象和色彩更加明亮起来，从而突出了西湖风光的非同寻常。

整首诗语言通俗易懂，读者阅读之后，的确能够感受到特色鲜明的六月西湖美景。

什么是“三姑六婆”？

三姑六婆本来指古代中国民间女性的几种职业。现在指社会上各种女性。

“三姑”指的是尼姑、道姑、卦姑。“六婆”指的是牙婆、媒婆、师婆、虔婆、药婆、稳婆。牙婆，指以介绍人口买卖为业而从中牟（móu）利的妇女；媒婆，指专门撮合男女亲事的妇女；师婆，指以装神弄鬼、画符念咒作为生活来源的妇女；虔婆，指开设秦楼楚馆（歌舞场所）为生的妇女；药婆，指利用药物给人治病的妇女；稳婆，指以给产妇接生为业的妇女。

博士喵画重点

远看像个大，近看是二八；
卒头与兵腿，头腿来相加。

谜底：六

说一说加拼音成语的意思。

wǔ yán liù sè ❶ 五颜六色→色彩缤纷→fēn fēn yáng yáng ❷ 纷纷扬扬→

扬长避短→duǎn bīng xiāng jiē ❸ 短兵相接→接二连三→

sān wǔ chéng qún ❹ 三五成群→群龙无首→shǒu dāng qí chōng ❺ 首当其冲→

冲云破雾→wù lǐ kàn huā ❻ 雾里看花→huā hóng liǔ lǜ ❼ 花红柳绿→

绿水青山→shān qīng shuǐ xiù ❽ 山清水秀→秀出班行

❶ 形容色彩纷繁。

❷ 雪、花、树叶等大量飘落的样子。也形容众说纷纭的议论四处传扬。

❸ 以短兵器相交接。指作战时面对面地交手搏斗或用也指面对面地进行激烈的争论或针锋相对地斗争。

❹ 指人三个五个地聚集起来。

❺ 首先受到攻击或遭到灾难。

❻ 原形容老眼昏花。后用以比喻对事物看不真切。

❼ 红色的花，绿色的柳。泛指花木茂盛，色彩艳丽。

❽ 形容山水明净秀丽，风景优美。

博士喵讲故事

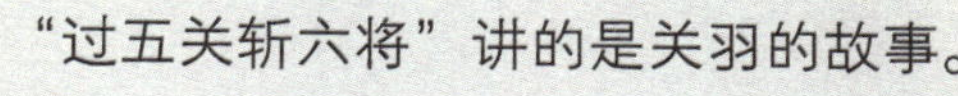

“过五关斩六将”讲的是关羽的故事。

关羽是三国时蜀国的一员猛将，被曹操捉住后，他为了保护兄长刘备的夫人和孩子，万不得已只好归降曹操。当他得到刘备的消息后，于是不辞而别，亲自护送刘夫人她们前往河北寻找刘备。他们一行风餐露宿，从许昌出发，沿途经过东岭关、洛阳城、汜（sì）水关、荥（xíng）阳、滑州五处关口，斩杀了孔秀、韩福、孟坦、卞喜、王植和秦琪（qí）六员大将，历经千辛万苦，最终渡过黄河，使得刘备一家得以团聚。

后用“过五关斩六将”比喻克服重重困难。

一百三十九

口称母亲很亲切

mā

妈

基本汉字中的第 139 个字

篆书 隶书 楷书

妈是一个形声字，读作 mā，繁体写作媽，本义为母亲，如妈妈去工作了。“爸笑妈随女扯书，一家三口乐安居”（现代·老舍《题全家福》），形象生动地描写了一家三口的欢乐场面。

后来妈的使用范围不断扩大，泛指女性长辈或中老年妇女，如姑妈、刘妈、张大妈出去买菜了。

妈、娘、母三个字都可以表示母亲的意思，但是它们之间有一些细微区别。妈和娘多用于口语中；母和亲合起来使用，一般用于书面语中。

女子拉着马，人人都爱她；

养我恩情大，会说先喊她。

谜底：妈

一百四十

骑士靠它打天下

mǎ

马

基本汉字中的第140个字

甲骨文1　甲骨文2　金文　篆书　隶书　楷书

唐代高适的《营州歌》，生动形象地刻画了一位英姿飒爽、豪饮猎骑的少年。“虏酒千盅不醉人，胡儿十岁能骑马”中的**马**是一个象形字，读作 mǎ，繁体写作馬。甲骨文 1 字形像一匹头朝左、背朝右、尾巴朝下的马。马的头小脸长，耳朵直着竖立起来，脖子上还长有鬃毛，尾巴上的毛也非常长，四肢看起来非常强健有力。本义是马，一种哺乳动物，善于奔跑，供人骑或拉东西的家畜，如马匹、兵强马壮。“千里马常有，而伯乐不常有”（唐·韩愈《马说》）中的“千里马”是一天能奔跑一千里的马，后比喻有才能的人。“但使龙城飞将在，不教胡马度阴山”（唐·王昌龄《出塞》），“胡马”是唐代北方少数民族的马，后泛指少数民族的军队。“马上相逢无纸笔，凭君传语报平安”（唐·岑参《逢入京使》），“马上”不是立即、立刻的意思，而是骑在马背上的意思。

钱塘湖春行

［唐］白居易

孤山寺北贾亭西，水面初平云脚低。
几处早莺争暖树，谁家新燕啄春泥。
乱花渐欲迷人眼，浅草才能没**马**蹄。
最爱湖东行不足，绿杨阴里白沙堤。

博士喵 赏古诗

【译文】春游来到孤山寺的北面、贾公亭的西面，刚刚涨起的湖水与岸边齐平，云气低垂与地面相接。几处早到的黄莺争抢着栖息在向阳的树木上，谁家新来的燕子嘴衔春泥忙着筑巢。五彩缤纷的花儿使人眼花缭乱，短短的绿草刚能遮住马蹄。我最喜爱西湖东边的景色，看也看不够，漫步在绿树成荫的白沙堤。

“司马”是一个官名，开始于殷商时期，主要掌管兵役和军用物资。汉武帝时设置了大司马，作为对大将军的封号，后来专门指骠骑将军霍去病。隋唐以后成为兵部尚书的别称，如“座中泣下谁最多，江州司马青衫湿”（唐·白居易《琵琶行》）。司马还是一个姓。

成语园

马

bīng huāng mǎ luàn
兵荒马乱
形容因战争造成的社会动荡不安的局面。

mǎ bù tíng tí
马不停蹄
比喻不间歇地前进或持续地工作。

mǎ dào chéng gōng
马到成功
战马一到阵前，即获成功。形容迅速取胜。

chē shuǐ mǎ lóng
车水马龙
形容车马来往十分繁华的景象。

mǎ mǎ hū hū
马马虎虎
形容做事草率。

gāo tóu dà mǎ
高头大马
指体形高大的马。比喻人的体形高大。

qiān jūn wàn mǎ
千军万马
形容兵马众多，队伍庞大。

hàn mǎ gōng láo
汗马功劳
战功赫赫，功劳卓著。比喻工作中成绩卓著。

wàn mǎ bēn téng
万马奔腾
无数匹马奔跑、跳跃。形容声势浩大、气魄宏伟、进展迅速等情状。

kuài mǎ jiā biān
快马加鞭
跑得很快的马仍需要鞭打。比喻快上加快、好上加好。

yì mǎ dāng xiān
一马当先
独自策马走在最前面。形容带头、领先。

yì mǎ píng chuān
一马平川
形容地势平坦而宽阔。

汉字乐园 **与马有关的汉字**

驾（駕）

石鼓文的左边是一匹马（ ），用来表形，右边是个加（ ）字，表示把车轭架在马脖上，也表示读音。本义是把车套在马身，引申为驾驶。

驭（馭）

金文左边是一匹头朝左的马（ ），右边是 （ ，“鞭”的本字），意思是手持鞭驾马。本义是驾驭马车。

驱（驅）

小篆左边是区（ ），表示读音；右边像一只手拿马鞭（ ）的形状，表示“赶马”的意思。本义是鞭马行进，引申为驱赶。

驹（駒）

金文左边是句（ ），表示读音；右边是一匹马（ ）。本义是两岁的马，泛指少壮的马。

驳（駁）

甲骨文由爻（ ，表示交错变动）表示读音；右边是一匹马（ ），表示与马有关。本义是马的毛色不纯。

驶（駛）你会玩吗？

答案：甲骨文左边的史（ ）表示读音，右边的马（ ）表示与马有关。本义是马快跑。

博士喵讲故事

“识途老马”与管仲有关。

春秋时期，山戎入侵燕（yān）国，齐桓公发兵支援燕国，由国相管仲和大（dà）夫隰（xí）朋做统帅。齐军春天从都城临淄（zī）（今山东淄博）出发，回国的时候已是冬天。这时候，白雪覆盖了大地，地上到处是白茫茫一片，齐军在崇山峻岭中迷了路。正当大家无计可施的时候，管仲想出了一个好办法，他挑出几匹老马，放开它们的缰绳，让它们走在最前面，大军紧随其后。果不其然，大军跟随着老马走出了山谷，找到了回国的大路。

后用“识途老马”比喻阅历广的人经验丰富，能起到引导作用。

一百四十一

捕鼠能手喵喵叫

māo / máo

基本汉字中的第 141 个字

甲骨文　篆书　隶书　楷书

猫是一个形声字，读作 māo，繁体写作貓，甲骨文像一只猫的外形。本义是猫，一种哺乳动物，脸圆圆的，有锋利的爪子，行动敏捷，会捉老鼠，如照猫画虎。“自有五白猫，鼠不侵我书”（宋・梅尧臣《祭猫》），诗人自从养了五只白猫以后，老鼠再也不敢糟蹋他的书籍了。“太仓积粟皆红腐，群猫昼眠鼠变虎”〔元・吴讷（nè）《李将军歌》〕，说的是朝廷粮仓储存的粮食已经腐烂变质，猫儿白天睡觉，不捉老鼠，以致老鼠长得像老虎一样肥大。

猫也可以用于方言中，指像猫一样弯着腰，读作 máo，如躲猫猫、奶奶猫着腰走路。

田上一棵灵芝草，反犬指兽守得牢；
弟弟说是一只虎，哥哥说是“鼠见逃”。

谜底：猫

一百四十二

动植物皮长细丝

máo

基本汉字中的第 142 个字

金文

篆书

隶书

楷书

毛是一个象形字，读作 máo。金文、篆书像动植物皮上所长的弯弯曲曲的毛发一样的东西。本义指毛发、兽毛等，如毛笔、九牛一毛、“皮之不存，毛将安傅？”〔《左传·僖（xī）公十四年》〕。“白毛浮绿水，红掌拨清波”（唐·骆宾王《咏鹅》），“少小离家老大回，乡音未改鬓毛衰”（唐·贺知章《回乡偶书》），以上诗句中的“白毛”指的是鸭毛，“鬓毛”指的是诗人鬓角的毛发。

因为毛发非常细小，所以毛可以用来表示小，如毛毛细雨下个不停。

观书有感（其二）

［宋］朱熹（xī）

昨夜江边春水生，蒙冲巨舰一毛轻。

向来枉费推移力，此日中流自在行。

博士喵赏古诗

【译文】昨夜江边的春水涨潮了，巨大的战船就像羽毛一样轻轻地漂在江面上。以前为了推动它不知白费了多少力气，现在船在江中央自由自在地行驶。

词语园

毛

máo bìng
毛病
泛指缺点、差错、坏习惯等。

háo máo
毫毛
比喻极细小的东西。

méi mao
眉毛
生在眼眶上缘的毛，对眼睛有保护作用。

máo jīn
毛巾
擦脸和擦身体等用的针织品。

pí máo
皮毛
带毛的兽皮的总称；比喻表面的知识。

máo mao yǔ
毛毛雨
通常指很小的雨。

máo róng róng
毛茸茸
形容动植物细毛丛生的样子。

róng máo
绒毛
人或动物身体表面和某些器官内壁长的短而柔软的毛。

máo yī
毛衣
用毛线编织成的衣服。

máo zao
毛躁
（性情）急躁。

yǔ máo
羽毛
鸟类身体表面所长的毛。

像手不是手，胳膊往外扭；
猫狗皮上密，你我都稀有。

谜底：毛

成语园

毛

bù máo zhī dì
不毛之地
不长庄稼的地方。指贫瘠的土地。

fèng máo lín jiǎo
凤毛麟角
凤凰的毛，麒麟的角。比喻稀少而珍贵难得的人才、时机或事物。

chuī máo qiú cī
吹毛求疵
吹开毛发，挑出隐藏在下面的小毛病。指故意挑毛病。

huǒ shāo méi máo
火烧眉毛
比喻形势极其急迫。

jī máo suàn pí
鸡毛蒜皮
比喻无关紧要或没有多少价值的事物。

qīng yú hóng máo
轻于鸿毛
形容价值非常轻微。

jiǔ niú yì máo
九牛一毛
九头牛身上的一根毛。比喻微薄之物。

yì máo bù bá
一毛不拔
拔掉自己的一根汗毛都不肯。讽刺人的极端吝啬。

máo gǔ sǒng rán
毛骨悚然
毛发竖起，脊梁骨发冷。形容极为害怕。

máo suì zì jiàn
毛遂自荐
比喻自告奋勇或自我推荐去做某事。

“千里送鹅毛，礼轻情意重”是唐代与回纥（hé）友好交往的见证。

相传，回纥国王派使者缅（miǎn）伯高去朝见唐太宗，带的贡物里有一只珍贵的白天鹅。一路上，缅伯高精心照料着白天鹅，一丝一毫都不敢怠慢。当缅伯高来到沔（miǎn）阳湖（在今湖北仙桃）畔时，笼子里的白天鹅非常兴奋，于是缅伯高打开笼子，谁知道白天鹅却飞走了。缅伯高伸手去抓，只抓到几根羽毛。于是缅伯高拿出一块洁白的丝绸，小心翼翼地把天鹅毛包好，在丝绸上面题写了一首诗：“……上奉唐天子，请罪缅伯高。物轻人义重，千里送鹅毛！”唐太宗见到天鹅毛和诗后，不但没有怪罪缅伯高，反而重重赏了他。

汉字画

热闹的草原

热带草（ ）原（ ）上的动物可多（ ）啦。狮子披着毛（ ）茸（ ）茸的长发，野猪（ 豕就是猪）露出长长的牙（ ）齿（ ），大象（ ）的鼻子卷曲（ ）着，长颈鹿（ ）在静静地吃树叶。

草
原
多
毛
茸
猪
牙
齿
象
曲
鹿

一百四十三

沉入水中取东西

méi/mò

没

基本汉字中的第 143 个字

篆书 隶书 楷书

没是一个会意字，读作 mò，本义是把手伸进水中取东西。引申指沉入水中，如沉没、覆没、没入水中。引申指陷进、吞入。“平明寻白羽，没在石棱中”（唐·卢纶《塞（sài）下曲六首》其二），其中的“没”是陷进去的意思。“乱花渐欲迷人眼，浅草才能没马蹄”（唐·白居易《钱塘湖春行》），“没马蹄”说的是的草把马蹄子盖住了。

没泛指隐藏、消失，如埋没、没落、出没无常、神出鬼没。“昔时人已没（mò），今日水犹寒”（唐·骆宾王《于易水送别》），不仅表达了诗人对荆轲的肯定和仰慕，而且表达了诗人对黑暗现实的意冷心寒，其中的“没”当去世讲。

没可以当没有讲，读作 méi，如没人、没看见、没关系、没精打采。

江上渔者

［宋］范仲淹

江上往来人，但爱鲈（lú）鱼美。

君看一叶舟，出没（mò）风波里。

【译文】江岸上来来往往的行人络绎不绝，他们都喜欢吃味道鲜美的鲈鱼。你看江面上那一叶一叶小舟中的渔民，他们驾驶着小舟时隐时现在风浪中。

【鉴赏】《江上渔者》是宋代诗人范仲淹的一首五言绝句。范仲淹出身贫苦，对下层劳动人民的生活有深刻的体验。这首诗就是他看到风浪中出没的小渔船，由此联想到渔民打鱼的艰辛和危险，有感而发创作出来的，体现了诗人对劳动人民的深切同情。

前两句写诗人在江边所看到的景象：江边来来往往饮酒作乐的人们，他们只知道品尝鲈鱼的鲜美，却从来没有想过这鱼是捕鱼人经过怎样的艰辛才得到的。后两句诗人让读者去看：你看江中那捕捞鲈鱼的小船，正在风浪里时隐时现呢！全诗到这里戛（jiá）然而止，并没有发表更多的议论，而是让读者去体会、去思索。

诗人运用对比的手法，在诗中描写了两类人的生活：一类是捕鱼人，为了生活，不顾惜自己的生命，常年在风浪中出生入死；另一类是那些到江边来享受鲈鱼美味的达官贵人，他们只知道享乐，一点也不关心劳动人民的疾苦。诗人通过对这两类人巧妙的对比，表达了他对渔民的同情，希望能唤起人们对于百姓疾苦的关注。

博士喵
赏古诗

méi jìn
没劲
没有力气；也指没有趣味。
chén mò
沉没
没入水中。
chū mò
出没
出现和隐藏。
méi shì
没事
没有事情做，
指有空闲时间。
词语园
没
jìn mò
浸没
淹没；漫过去。
méi yǒu
没有
表示否定。
tūn mò
吞没
把公共的或代管的
财物据为己有。
mò shōu
没收
把犯罪的个人或集团
的财产收归公有。
mái mò
埋没
掩埋；埋起来。
yān mò
淹没
（大水）漫过或盖过物体。

一百四十四

青草旺盛的样子

měi

每

基本汉字中的第 144 个字

每是一个形声字，读作 měi。甲骨文、金文像妇女头上饰有装饰物的样子，下面的“母”表示一位安详地屈膝跪坐在地上的女子，上面的部分像插在她头上的美丽的饰品，本义是头饰多而美丽。后引申指草木旺盛的样子。“原田每每”〔《左传·僖（xī）公二十八年》〕，说的是晋国的军队就像草原上的草木一样繁茂强大。这个意义现在已经不再使用了。常用的是假借义，假借为代词，指特定范围内的任何一个，如每人、每次、每时每刻。

每后来用作副词，指反复出现的动作行为中的任何一次，每一次，如每战必胜、每隔一天。“相如每朝，常称病”（《史记·廉颇蔺相如列传》），作为上卿的蔺（lìn）相如为什么要“装病”不上朝呢？因为蔺相如心胸开阔，为赵国的前途考虑。为了不与廉颇见面发生争执而让敌国钻了赵国的空子，所以每次上朝议事时，他都假装自己有病。

每也可以表示时常、经常，如每每如此、每每得手。“曲罢曾教善才服，妆成每被秋娘妒”（唐·白居易《琵琶行》）中的“每”当经常讲，由此说明琵琶女才高貌美。

九月九日忆山东兄弟

［唐］王维

独在异乡为异客，每逢佳节倍思亲。
遥知兄弟登高处，遍插茱萸少一人。

【作者】王维，字摩诘。九岁开始写诗，有“神童”之誉。盛唐田园诗派的代表诗人。擅长书法、绘画和音乐，精通佛理，人们称他的作品“诗中有画，画中有诗”。

【译文】独自客居他乡，始终是一个异乡人，每到节日我就更加思念家乡的亲人。遥想远在家乡的兄弟们一定登上了高山，他们个个插戴茱萸（zhū yú）的时候想起还少了我一人。

【鉴赏】农历九月九日是重阳节。重阳节这天，人们有出门登高和饮菊花酒的习惯，他们认为这样做可以延年益寿，祛灾除病。十七岁的王维为考取功名而独自一人客居长安。重阳节这天，他格外思念家乡的亲人，于是写下这首怀念家乡兄弟的名篇《九月九日忆山东兄弟》。

诗人用“独”字开篇，连用两个“异”字，直截了当地描述了自己所处的特殊环境，让读者一下子就理解了诗人的孤独感。第二句用平实质朴的语言表达出诗人思念家乡亲人的感受。“每”和“倍”字说明诗人平时就每天思念家乡，到了佳节，思念之情则更加强烈，表达了人们所共有的一种情感体验，能够引起人们的强烈共鸣，因而成为千古传诵的名句。

后两句是诗人想象中的情景。这也是第二句中“倍思亲”的一个原因。诗人回忆起过去家乡亲友们在此时相聚的景象，想着今天当兄弟们都插上茱萸登高饮酒，突然发现少了诗人一个人时，他们该是多么遗憾呀！

博士喵
赏古诗

有水船可行，有人受欺凌；
有雨生斑点，有心成悔恨。

谜底：每

一百四十五

头戴羊角就是好

měi

基本汉字中的第 145 个字

美是一个会意字，读作 měi。甲骨文的下部是一个“人”，人的头上装有羽毛一类的饰品，非常像京剧武将头上所戴的雉（zhì）鸡翎，更加显得威武好看。古人在狩猎的时候，先需要把自己伪装一番，头戴羊角或羊角帽就是伪装方式的一种，这样做可以迷惑猎物，顺利获取它们。本义是形貌好看，如美好、美德。“战士军前半死生，美人帐下犹歌舞”（唐・高适《燕歌行》），这里的“美人”指的是貌美的女子。

美可以用作名词，指味道好，如美食、美味。“葡萄美酒夜光杯，欲饮琵琶马上催”（唐・王翰《凉州词》），“江上往来人，但爱鲈鱼美”（宋・范仲淹《江上渔者》），以上诗句中“美”指酒或者鱼的味道好。

客中行

［唐］李白

兰陵美酒郁金香，玉碗盛来琥珀光。
但使主人能醉客，不知何处是他乡。

博士喵赏古诗

【译文】兰陵产的美酒甘甜醇厚，就像郁金一样芳香四溢。盛放在玉碗中的美酒，泛出琥珀一样晶莹的光彩。主人端出这么好的酒，一定能醉倒他乡的来客。最后哪里能够分清楚，什么地方才是自己的家乡！

词语园
美
形容非常得意的样子。
měi zī zī
美滋滋
（事物）完备美好；没有缺点。
wán měi
完美
使人看了发生快感的；好看。
měi lì
美丽
对美好的人或事物称赞。
zàn měi
赞美
好（多用于抽象事物）。
měi hǎo
美好
zhuàng měi
壮美 雄壮美丽。
美好的品德。
měi dé
美德
huá měi
华美 华丽。
美好的景色。
měi jǐng
美景
jiāo měi
娇美
娇艳美丽。
měi mǎn
美满
美好圆满。
róu měi
柔美
柔软美丽。
měi shí
美食
精美的饮食。
tián měi
甜美
（味道）甜。
měi wèi
美味
味道鲜美的食品。
xiù měi
秀美
清秀美丽。
měi guān
美观
（形式）好看；漂亮。
yōu měi
优美
很美；很好看。

成语园

美

chéng rén zhī měi
成人之美
帮助别人实现美好愿望，或成全别人的好事。

wán měi wú quē
完美无缺
完善精美而没有缺点不足。

huáng liáng měi mèng
黄粱美梦
比喻美好的幻想破灭、落空。

shí quán shí měi
十全十美
形容完美无缺。

jìn shàn jìn měi
尽善尽美
非常完善，也非常完美。形容事物达到完美无缺的地步。

wù měi jià lián
物美价廉
东西质量很好而且价钱便宜。

liáng chén měi jǐng
良辰美景
美好的时光，美丽的景色。

měi zhōng bù zú
美中不足
指人或事物虽然很好,但还有不足之处。

měi lún měi huàn
美轮美奂
形容房屋壮丽宏伟。也形容装饰、布置等美好漂亮。

liǎng quán qí měi
两全其美
做一件事顾及到双方，使双方都觉得美满。

měi bù shèng shōu
美不胜收
美好的事物非常多，看不过来。

博士喵
讲故事

“黄粱美梦”比喻虚幻的和不能实现的梦想。

唐朝开元年间，有个姓卢的种田人，在邯郸客店里准备吃饭的时候，遇到了一个精通法术的吕道士。卢生不由得向吕道士叹息自己家境贫穷，没有吃的，没有穿的。吕道士听了后，拿出一个瓷枕让他枕着睡觉。卢生在睡梦中梦见自己娶妻生子，做了大官，享受着无穷无尽的荣华富贵。可是等他一觉睡醒后，店家的黄米饭还没有煮熟。

一百四十六

小于自己的女同胞

mèi

妹

基本汉字中的第 146 个字

甲骨文　金文 1　金文 2　篆书　隶书　楷书

妹是一个形声字，读作 mèi，本义指同父母（或只同父、只同母）而比自己年龄小的女子，如姐妹、兄妹。“小妹日成长，兄弟未有娶。家贫禄既薄，储蓄非有素。几回欲奋飞，踟蹰复相顾”（唐·王维《偶然作六首》其三），意思是说小妹妹一天天长大了，兄弟还都没有结婚娶妻。家庭贫穷没有多少积蓄。好几次想做大事，可是却翻来覆去犹犹豫豫，无从着（zhuó）手。

大妹和小妹

大妹和小妹，一起去割麦。
大妹割小麦，小妹割大麦。
大妹帮小妹挑大麦，
小妹帮大妹捆小麦，
高高兴兴去打麦。
大妹打小麦啪啪噼，
小妹打大麦噼噼啪。

训练目的：韵母 ei，ai

小女未出嫁，
排行在兄下，
哥姐都爱她。

谜底：妹

一百四十七

建筑物的出入口

mén

门

基本汉字中的第 147 个字

甲骨文	金文	篆书	隶书	楷书

门是一个象形字，读作 mén，繁体写作門。甲骨文、金文就像半开的两扇简易的门，本义是双扇门，如门口、校门、开门见山、门庭若市。“窗含西岭千秋雪，门泊东吴万里船”（唐·杜甫《绝句》），描写了诗人凭窗眺望，看到远处西岭上的积雪和近处停泊的战船。“千门万户曈（tóng）曈日，总把新桃换旧符”（宋·王安石《元日》），诗人形象地描绘了新年第一天万象更新的欢乐喜庆场面，用浅显的道理形容新事物终将取代旧事物的自然规律和趋势。以上诗句中的“门”用的都是本义。

引申指形状像门的出入口或者能够开关的屏障物，如车门、电门、舱门。“天门中断楚江开，碧水东流至此回”（唐·李白《望天门山》），“天门”指的是形状像门一样的天门山。

门也可以用作量词，用于事物的分类，如专门、一门课、一门手艺。

从军行

[唐] 王昌龄

青海长云暗雪山，孤城遥望玉门关。
黄沙百战穿金甲，不破楼兰终不还。

【作者】王昌龄，字少伯，盛唐边塞诗派的代表诗人。他擅长写五言古诗、五言绝句和七言绝句，其中以七言绝句成就最高，被誉为“七绝圣手”。

【译文】青海湖上浓云翻滚，使得皑（ái）皑雪山也变得灰暗起来；放眼远望空旷的大漠，孤零零的玉门关依稀可见。将士们常年征战沙海，把坚固的铁甲几乎磨穿；他们心中只有一个誓愿——不消灭敌人决不回家！

【鉴赏】诗的前两句是对整个西北边陲（chuí）的描写与概括：浩渺的青海湖上，弥漫着浓浓的云层，把连绵的雪山遮得一片暗淡；矗立在河西走廊荒漠中的边塞孤城与玉门雄关相隔千里，遥遥相望。这两句写出了当时西北戍边将士生活、战斗的环境，在苍凉的景色中渗透着诗人复杂的感情：有戍边将士对边防形势的关注，对自己所担负任务的自豪感、责任感以及对孤寂艰苦的戍边生活的感叹。

后两句直接抒情，先写黄沙万里和频繁的战斗磨穿了将士们的铠甲，短短七字把战士们戍边时间之漫长、战事之频繁、战斗之艰苦、敌军之强悍、边地之荒凉全部囊括其中。最后一句是戍边将士们发出的豪壮誓言，不打败敌人誓不返回家乡，表现了战士们在艰难困苦的环境下保家卫国的战斗豪情，铿锵（kēng qiāng）有力，震撼人心。

博士喵
赏古诗

什么是“五花八门”？

五花八门原指兵法中的“五行阵”和“八卦阵”，后用来指代不同的职业。用金菊花比喻卖茶水的女人；用木棉花比喻治病的郎中；用水仙花比喻歌女；用火棘花比喻玩杂耍的；用土牛花比喻挑夫。巾门指的是算命占卦的；皮门指的是卖草药的；彩门指的是变戏法的；挂门指的是江湖卖艺的；评门指的是说书评弹的；团门指的是街头卖唱的；调门指的是搭棚扎纸的；聊门指的是高台唱戏的。现用“五花八门”比喻事物繁多，变化莫测。

词语园

门

mén xià
门下

指传授知识或技艺的人的跟前。

rè mén
热门

指有很多人注意的或时兴的工作、事业等。

mén zhěn
门诊

医生在医院或诊所里给不住院的病人治病。

qiào mén
窍门

能解决问题的好方法。

mén piào
门票

公园、博物馆等的入场券。

chū mén
出门

外出；离家远行。

mén kǒu
门口

门跟前。

chéng mén
城门

城楼下的通道。

mén chuāng
门窗

大门和窗户。

lěng mén
冷门

在某方面突然出现令人意想不到的事情。

mén líng
门铃

安装在门里边的铃铛或电铃。

zhuān mén
专门

专从事某一项事的；只限于某个方面的。

与门有关的汉字

開 开（開）

《说文》的古文像左右两扇门（門）中间有一双手（廾），正在打开门闩（一）。本义为开门，引申为张开。

關 关（關）

金文像左右两扇门（門），表示与房门有关，里面是丱（丱，guàn），表示读音。本义是门闩，引申为关闭。

閉 闭（閉）

金文像把门闩（十）插到左右两扇门（門）中间。本义是关门。

闯（闖）

小篆像一匹马（ ）冲出门（ ）。本义是马冲出门的样子。

问（問）

甲骨文用口（ ）表示说话，用门（ ）表示读音。本义是询问，引申为问候。

闷（悶）你会玩吗？

答案：小篆用心（ ）表示与心情有关，用门（ ）表示读音。本义是心情不畅快。

博士喵讲故事

过去的婚姻都讲究“门当户对”，男女之间即使是两小无猜，青门竹马，如果双方家庭的社会地位、经济条件不匹配，也很难走到一起。那么，什么是“门当户对”呢？

门的甲骨文写作 或者 ，户 是门中的一扇。在古代，“门当”指的是大户人家门前的一对石墩或者石鼓，形象都非常威武，据说可以用来辟邪镇宅。“户对”指的是门楣上面或者两边的砖雕或者木雕，一般都成对出现，所以叫户对，据说能够祈求人丁兴旺。越是有钱有势的人家，大门口放的门当和户对也就越气派。“户对”的多少与官品职位的高低成正比，数量越多，品阶越高。后来，男女双方择婚时，只要一看门当和户对，就能够知道这家人的情况了。这样一来，“门当户对”就成为男婚女嫁的条件。

现在用“门当户对”指联姻双方的社会地位和经济状况相当。

一百四十八

名、代词后表复数

men/mén

基本汉字中的第 148 个字

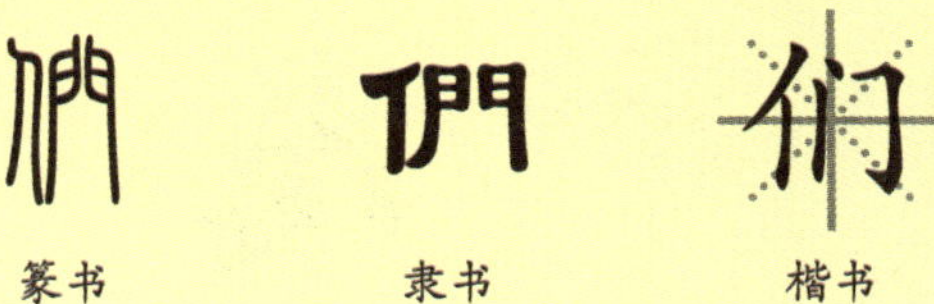

们是一个比较简单的汉字，它的用法非常少。们是一个形声字，左边的“亻”表形，右边的“门”表声，读作 men，繁体写作們，它的本义目前还没有搞清楚。

唐代以后，们一般用作词尾，放在名词或人称代词的后面，表示复数，如我们、老师们、同学们。后用在口语中，表示一类人，这样显得更加亲切，如哥们儿。

们也可以用于地名“图们”中，读作 mén，如图们江、图们市。

博士喵
敲黑板

需要注意的是，名词的前面如果有数量词时，后面不能加“们”，可以说“三个同学”，不能说“三个同学们”。

人与门，门与人，
合在一起是众人。

谜底：们

一百四十九

去皮粮食的籽粒

mǐ

基本汉字中的第 149 个字

甲骨文 1　甲骨文 2　金文　篆书　隶书　楷书

米是一个象形字，读作 mǐ。甲骨文像一段谷穗上长有许多四处散开的米粒的样子，中间那一长横像是谷穗中间的梗。本义是粟米，去皮以后为小米，如米饭。“去年米贵阙军食，今年米贱大伤农”〔唐·杜甫《岁晏（yàn）行》〕，“安史之乱”平定后，唐军又与吐蕃（bō）作战，因为米的价格太高，导致去年军粮短缺，今年虽然粮食丰收，但是米价却太低，种粮的农民卖不上价，最后苦不堪言。“千钱得斗米，一斛当万钱”（宋·陆游《闻吴中米价甚贵二十韵》），说的是米价太高，一千钱才能够买到一斗米，这样一斛（hú）米就要一万钱。

后泛指粮食作物的颗粒脱壳后的那一部分，如米粒、大米、花生米。“苔花如米小，也学牡丹开”（清·袁枚《苔》），赞美了小如米粒的苔藓，虽然生存环境恶劣，但是仍能像牡丹一样，勇敢地绽放自己的花朵。

米也可以用作长度的法定计量单位，符号写作 m，1 米等于 100 厘米。

解闷十二首（其二）

［宋］杜甫

商胡离别下扬州，忆上西陵故驿楼。

为问淮南米贵贱，老夫乘兴欲东流。

博士喵赏古诗

【作者】杜甫，字子美，自号少陵野老，唐代伟大的现实主义诗人。他生活在唐王朝由盛转衰的时代，他的诗歌创作真实地反映了当时的时代面貌。他的诗风沉郁顿挫，格律严谨而富于变化，是唐代诗歌艺术的集大成者，后世尊他为“诗圣”，称其诗为“诗史”。

【译文】我准备像胡商那样从夔（kuí）州前往扬州，非常想念西陵驿楼的盛景。问一问淮南米价的贵贱，老夫我准备乘着兴致向东游玩。

说一说加拼音成语的意思。

yú mǐ zhī xiāng ❶ lí xīn lí dé ❷

鱼米之乡→乡土难离→离心离德→

zhòng yú tài shān ❸

德高望重→重于泰山→山不厌高→

gāo péng mǎn zuò ❹ xí juǎn tiān xià ❺

高朋满座→座无虚席→席卷天下→

lóng fēi fèng wǔ ❻

下海擒龙→龙飞凤舞→舞文弄墨→

mò shǒu chéng guī ❼

墨守成规→规规矩矩

❶ 指水域辽阔，土地肥沃，盛产鱼类和稻米的富庶的地方。
❷ 集体中的人不是一条心，不团结。
❸ 比喻意义、价值等非常重大。
❹ 座位上坐满了高贵的宾朋。泛指客人很多。
❺ 形容力量强大，控制整个天下。
❻ 形容书法笔势飘逸多姿。
❼ 因循守旧，不肯变通。

稀奇真稀奇，木字变把戏：
倒八加木上，转眼变小粒；
粒粒都是粮，人见人欢喜。

谜底：米

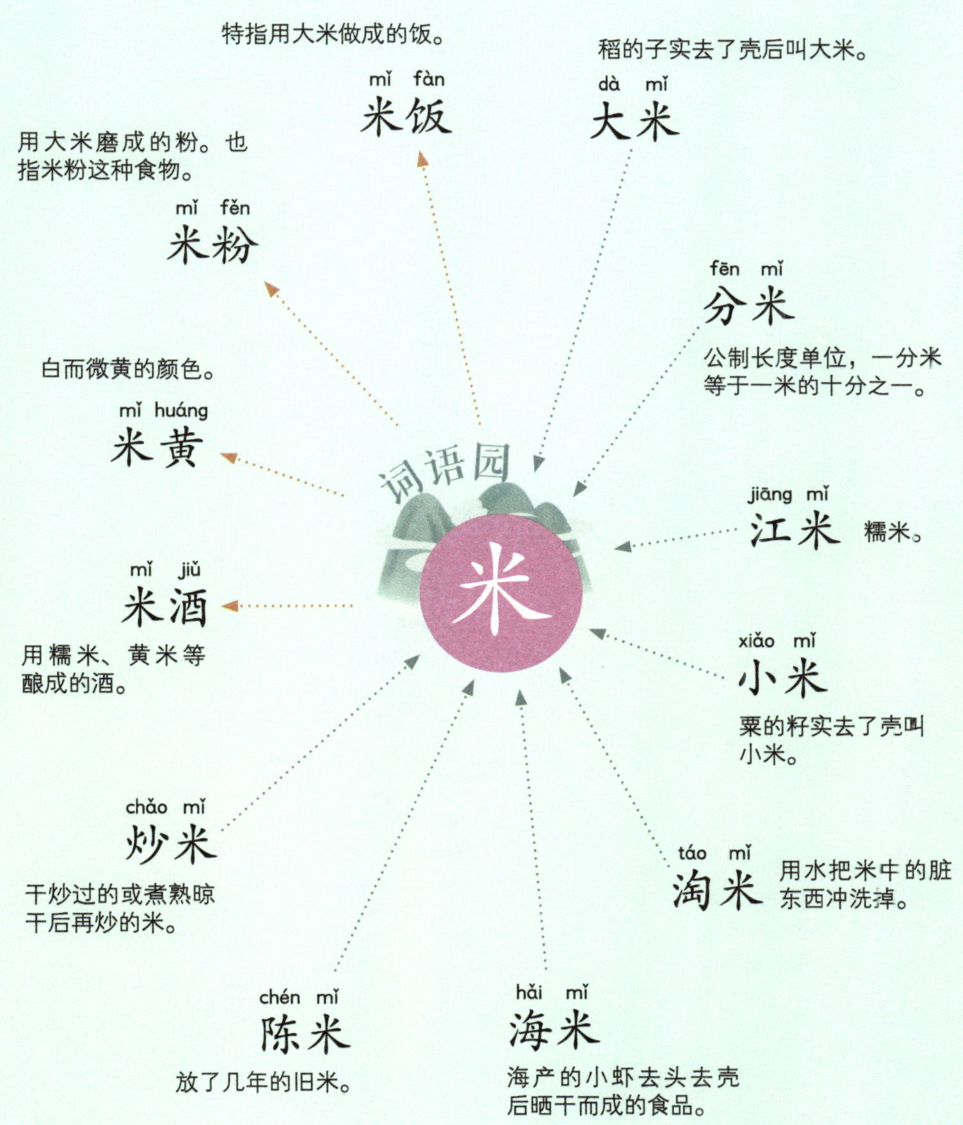
词语园
米
特指用大米做成的饭。
mǐ fàn
米饭
稻的子实去了壳后叫大米。
dà mǐ
大米
用大米磨成的粉。也指米粉这种食物。
mǐ fěn
米粉
fēn mǐ
分米
公制长度单位，一分米等于一米的十分之一。
白而微黄的颜色。
mǐ huáng
米黄
jiāng mǐ
江米 糯米。
mǐ jiǔ
米酒
用糯米、黄米等酿成的酒。
xiǎo mǐ
小米
粟的籽实去了壳叫小米。
chǎo mǐ
炒米
干炒过的或煮熟晾干后再炒的米。
táo mǐ
淘米 用水把米中的脏东西冲洗掉。
chén mǐ
陈米
放了几年的旧米。
hǎi mǐ
海米
海产的小虾去头去壳后晒干而成的食品。

chái mǐ fū qī
柴米夫妻

为柴米的需要而结合的夫妻。指物质生活条件低微的贫贱夫妻。

chái mǐ yóu yán
柴米油盐

泛指必备的生活资料。

chuī kāng jiàn mǐ
吹糠见米

把糠吹开就看到了米。比喻立刻见效。

děng mǐ xià guō
等米下锅

比喻生活困难，缺少钱财。

dǒu mǐ chǐ bù
斗米尺布

少量的粮食与布匹。

mǐ zhū xīn guì
米珠薪桂

米贵得像珍珠，柴火贵得像桂木。形容物价昂贵。

wú mǐ zhī chuī
无米之炊

比喻缺乏最基本的和最必要的条件而不可能办到的事情。

shuǐ mǐ wú jiāo
水米无交

没喝过别人一杯水，没吃过别人一顿饭。比喻为官清廉。

shǔ mǐ ér chuī
数米而炊

数着米粒烧火做饭。形容生活困难，不得不节衣缩食。

yú mǐ zhī xiāng
鱼米之乡

水域辽阔、土地肥沃、盛产鱼类和稻米的富庶的地方。

“不为五斗米折腰”说的是陶渊明的故事。

陶渊明是东晋著名诗人，二十岁开始做官，先后担任过祭酒、参军、县令等职位。那年冬天，太守委派一名督邮到彭泽县（今江西九江）督察工作。督邮一到彭泽的馆驿，就指东画西，让差役叫县令陶渊明拜见他。陶渊明非常蔑视这种假借上司名义发号施令的人。正当陶渊明要出发时，差役却拦住他，说：“大人，参见督邮不仅要穿上官服，而且要束上大带，不然有失体统。”陶渊明生气地说：“吾不能为五斗米折腰，拳拳事乡里小人邪！”意思是说，我不能为五斗米向小人低头弯腰。于是辞官回乡，开始了他的隐居生活。

一百五十

一只大眼脸上长

miàn

面

基本汉字中的第 150 个字

甲骨文 1　　甲骨文 2　　篆书　　隶书　　楷书

篆书　　楷书

“面”和“麪”本来是不同的两个字，后来，“麪 ”简化为“面”。面是一个象形字，读作 miàn。甲骨文的外部像一张脸的轮廓，中间是一只大大的眼睛，里面是一个“目”字，外面表示面庞，像脸上有目（眼睛）的形状。因为在面部的五官中，眼睛是最重要的一部分，本义指人的整个面部，如脸面、面目、面红耳赤。“满面尘灰烟火色，两鬓苍苍十指黑”（唐·白居易《卖炭翁》），诗人形象生动地表现卖炭翁外貌的同时，也体现了卖炭翁劳动的艰辛和不易。

古木阴中系短篷

［宋］释志南

古木阴中系短篷，杖藜（lí）扶我过桥东。

沾衣欲湿杏花雨，吹面不寒杨柳风。

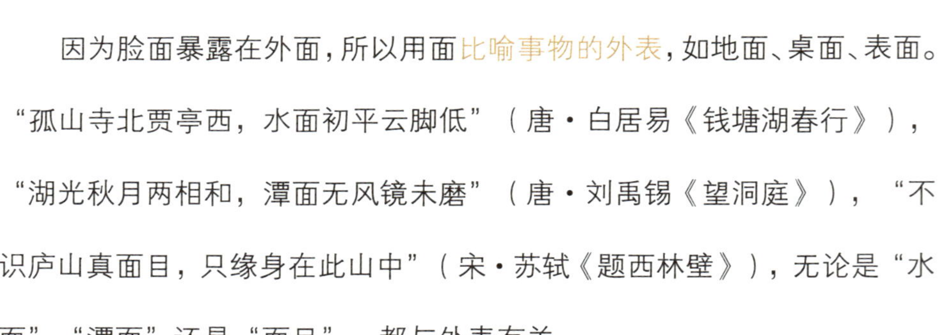

【译文】我在高大古树的荫凉下拴好了小船；拄着拐杖，走过小桥，恣（zì）意地欣赏着美丽的春光。淋不湿我的衣裳的细雨，飘洒在艳丽的杏花上；吹着我脸的微风，已经感觉不到一丝寒冷。

因为脸面暴露在外面，所以用面比喻事物的外表，如地面、桌面、表面。“孤山寺北贾亭西，水面初平云脚低”（唐·白居易《钱塘湖春行》），“湖光秋月两相和，潭面无风镜未磨”（唐·刘禹锡《望洞庭》），“不识庐山真面目，只缘身在此山中”（宋·苏轼《题西林壁》），无论是“水面”“潭面”还是“面目”，都与外表有关。

麵读作 miàn，本义是粮食磨成的粉，特指小麦磨成的粉，现简化为“面”，如面粉、面食、玉米面。后用来代指面条，如吃面、挂面、盒装面。

因为面粉的形状非常细，后用来泛指粉末，如胡椒面儿、药面儿。

对考生通过面谈进行考查测试。
miàn shì
面试
以个人或集体的名义(做某件事)。
chū miàn
出面
dì miàn
地面 地的表面。
相貌；比喻事物所呈现的景象、状态。
miàn mào
面貌
xià miàn
下面 位置低的地方。
面前遇到(问题、形势等)。
miàn lín
面临
duì miàn
对面 面对面。
miàn qián
面前
面对着的地方。
词语园
面
lǐ miàn
里面 里边。
miàn kǒng
脸。面孔
wài miàn
外面 外表; 外边。
miàn duì
面对
当面对着（人）。
jiàn miàn
见面 彼此对面相见。
hòu miàn
后面
空间或位置靠后的部分。
qián miàn
前面
空间或位置靠前的部分。
shàng miàn
上面
位置高的地方。

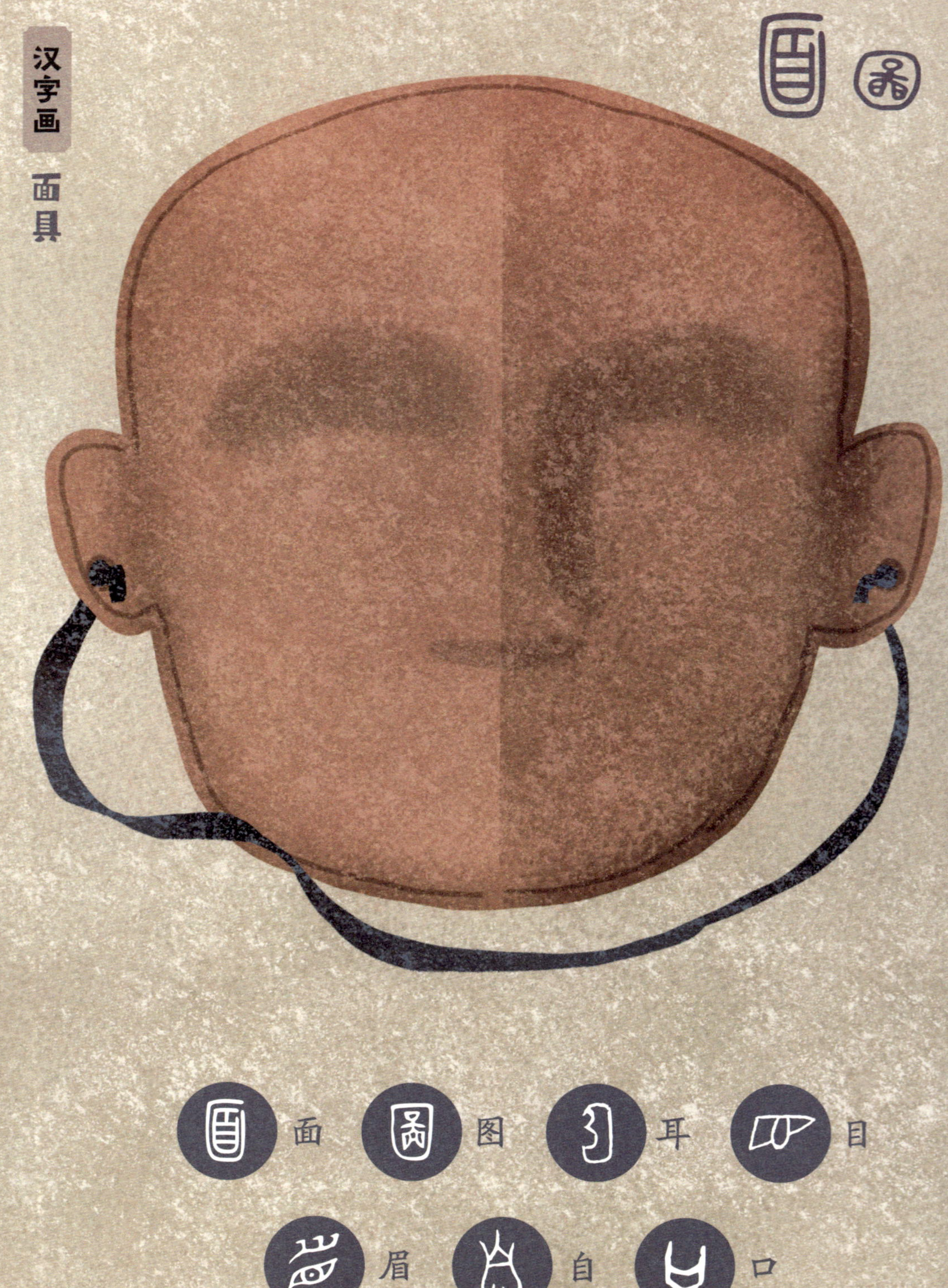
汉字画
面具
面
图
耳
目
眉
自
口

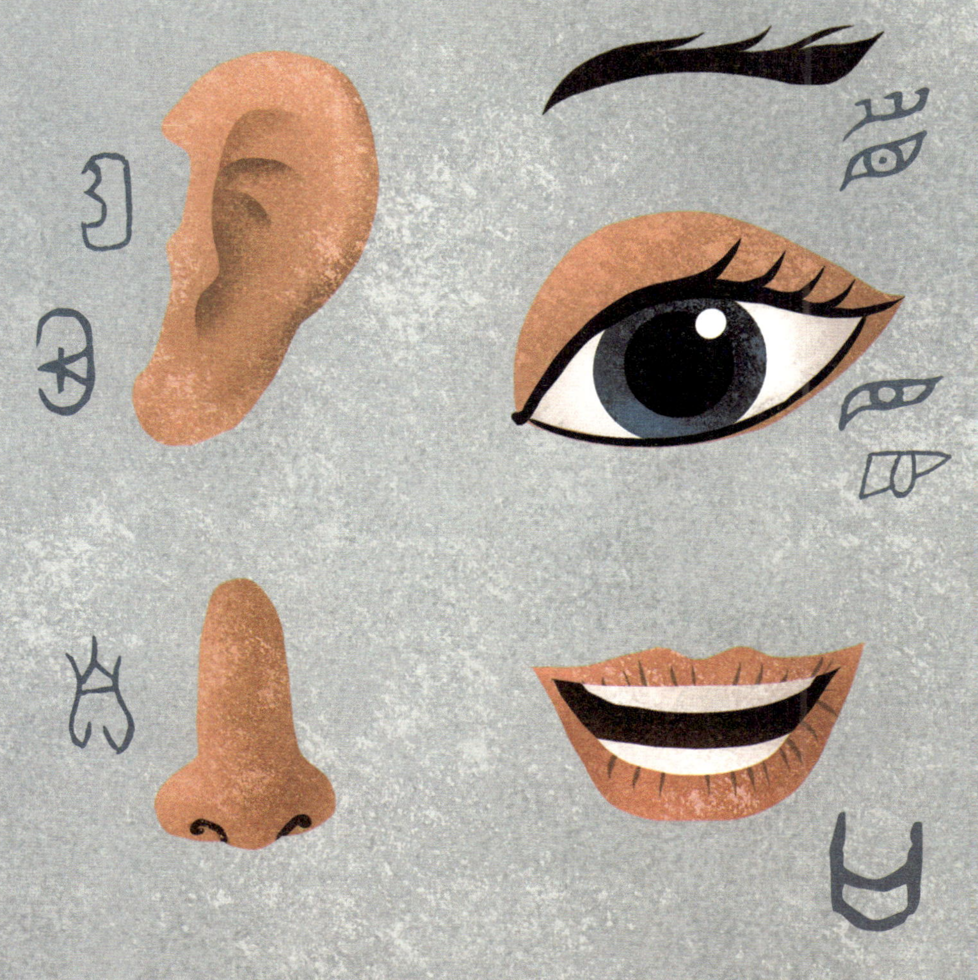

博士喵有一张面（㊣）具拼图（㊣）。请你帮它把上面的耳（𦣻）、目（㊣）、眉（㊣）、自（㊣）、口（㊣）放到合适的位置。

“网开一面”这个成语与商汤有关。

商汤是历史上有名的贤君。有一次，商汤看见捕捉鸟兽的人们一边向四面撒网，一边祷告说：“从天上掉下来的，从地上钻出来的，从四面八方飞来的鸟兽，都落进我的网里吧。”商汤叹息道：“照这样下去，鸟兽会被捉完的。除了夏桀（jié）谁还会做这种斩草除根的事情呢？”于是他让捕捉鸟兽的人收去三面的网，只留下一面的网，让他们重新祷告说：“蜘蛛小虫吐丝结网，人们仿效它结网捕捉鸟兽。想去左边的去左边，想去右边的去右边，想高飞的高飞，想下地的下地，我只想要那命中该死的。”

“网开一面”指把网打开一面。比喻政策宽大，给人以出路。